SECTION DE L'AUBE

du

Syndicat National

des Instituteurs et Institutrices

de France et des Colonies

CONFÉRENCE

Faite par M. Albert MATHIEZ

Professeur à la Sorbonne

aux

INSTITUTRICES ET INSTITUTEURS

DE L'AUBE

réunis en Assemblée Générale

à l'Hôtel de Ville de Troyes, le 21 Juillet 1927

CONFÉRENCE DE M. MATHIEZ
Professeur à la Sorbonne

MESDAMES, MESSIEURS, MES CHERS COLLÈGUES,

Quand votre dévoué inspecteur M. Lapaiche m'a fait demander, comme vient de vous le rappeler votre secrétaire, de venir ici aujourd'hui remplacer un de vos conférenciers défaillant, je n'ai pas eu un instant d'hésitation, parce que je sais que, quoique primaires et peut-être parce que primaires, vous aimez comme moi la vérité, et qu'il suffit de vous la faire connaître avec des preuves pour que vous lui donniez votre adhésion. Ceci dit, j'entre immédiatement dans mon sujet, et je ne m'excuse pas de vous demander une attention soutenue, de vous faire subir une démonstration qui durera peut-être deux heures, non, je ne m'en excuse pas, parce que, si je veux détruire une légende, qui a pour auteurs des hommes considérables, vous comprendrez qu'il me faut du temps pour bien exposer les textes et pour les critiquer.

De quoi s'agit-il ? Il s'agit de savoir si les politiques et les publicistes qui, en 1887 et en 1891, ont élevé une statue à Danton, à Arcis-sur-Aube d'abord, à Paris ensuite au boulevard Saint-Germain, si ces publicistes qui ont prétendu réhabiliter le grand corrompu, un siècle après son supplice, ont eu raison contre la Convention nationale unanime, contre les contemporains unanimes, contre tous les républicains du milieu du XIXe siècle, également unanimes. Il s'agit de savoir si les modernes et les récents apologistes de Danton, qui s'appellent le Docteur Robinet, M. Antonin Dubost, qui fut président du Sénat, M. Jules Claretie, directeur de la Comédie-Française, Alphonse Aulard, qui fut mon prédécesseur dans la chaire de la Sorbonne, si tous ces hommes ont produit à l'appui de cette réhabilitation tardive, des arguments valables, des arguments décisifs. Il s'agit de savoir si des documents de première importance ne leur ont pas échappé par hasard ; s'ils ont sainement interprété les documents anciens, et, en un mot, s'ils ont mieux jugé et connu Danton que les contemporains qui l'ont vu à l'œuvre et qui l'ont condamné.

Tel est le problème que j'ai à examiner : il est simple. Si Danton est innocent, le Comité de Salut public et le Comité de

Sûreté générale, la Convention nationale toute entière qui l'ont condamné sont coupables d'assassinat. Et qu'on ne vienne pas me dire que les Comités étaient terrorisés, que la Convention était terrorisée. Des hommes comme Billaud-Varenne, qui fut le premier à demander la tête de Danton qu'il connaissait bien puisqu'il avait été son confident et son secrétaire, des hommes comme le grand Carnot, comme les deux Prieur, celui de la Marne et celui de la Côte-d'Or, comme Collot-d'Herbois, comme Jeanbon Saint-André, comme Cambon qui fut l'accusateur le plus précoce et le plus opiniâtre de Danton, ces hommes-là ne se laissaient pas si facilement terroriser, et par qui ? Et qu'on ne me dise pas non plus que Robespierre était le dictateur, le terroriseur, puisque, dans l'espèce, c'est lui Robespierre qui fit le plus de difficultés à abandonner Danton, suivant le mot de Billaud-Varenne à la grande séance du 9 thermidor et ce mot de Billaud-Varenne était dans sa bouche un reproche à Robespierre.

Et qu'on fasse attention à ceci, Mesdames et Messieurs : ce n'est pas une fois que la Convention nationale a condamné Danton, c'est deux fois. La Terreur était terminée, le prétendu dictateur était à bas ; sa tête, à son tour, avait roulé sous le couperet ; les Girondins étaient rentrés, la Convention était souveraine, les Comités lui obéissaient, rien ne gênait ses délibérations, quand le 11 vendémiaire an IV, date correspondant au 3 octobre 1795, date anniversaire de la mise en accusation des Girondins, la grande Assemblée décida de célébrer une fête funèbre en l'honneur de ceux de ses membres qui avaient péri dans les prisons, sur les échafauds, ou qui avaient été réduits à se donner volontairement la mort. Sur la proposition du Girondin Hardy, l'Assemblée dressa la liste officielle de ces victimes honorées et regrettées. La liste comprenait 47 noms de Conventionnels : le député de l'Aube Perrin, condamné pour concussion à dix ans de bagne, y figure ; y figurent aussi Camille Desmoulins, malgré sa terrible histoire secrète des Brissotins, Philippeaux, mais vous y chercherez en vain les noms de leurs co-accusés : de Chabot, de Basire, de Delaunay d'Angers, de Fabre d'Eglantine, et de Danton. Ces noms manquent tous sur la liste et personne ne se leva sur aucun banc pour réparer ces omissions, personne, pas même Courtois de l'Aube, l'âme damnée, le complice de Danton, pas même le boucher Legendre, qui avait essayé de plaider, non sans courage, pour Danton, lors de sa mise en accusation ; personne ne dit mot à cette séance du 11 vendémiaire an IV, et je dis, Mesdames et Messieurs, que cette nouvelle condamnation par omission est une flétrissure infiniment plus grave que la première. Et sous cette flétrissure posthume, la mémoire de Danton est restée accablée jusqu'à l'aurore de la III° République. Les orateurs même qui ont pris la parole le 14 juillet 1891, au pied de la statue qu'on élevait en son honneur au boulevard Saint-Germain, ont reconnu le fait. Le docteur Levrault, qui prit la parole le premier en sa qualité de président du Conseil municipal de Paris, appela Danton le grand calomnié. Pierre Laffitte, chef de l'École positiviste, remercia le Conseil municipal de son initiative pleine d'audace, « je dis d'audace, car il lui en a fallu, pour remonter tout un courant de préjugés contre cette grande mémoire ».

Or, remarquez que les soi-disant calomnies avaient pour auteurs les plus grands noms de notre littérature, de notre érudition, des hommes qui appartenaient de tout leur cœur à la Révolution et qui avaient bien servi la République : Lamartine, Louis Blanc, Victor Hugo, Mignet, Léon Cladel, dont tout à l'heure on élevait la statue dans le jardin du Luxembourg, Leconte de Lisle, etc... et bien d'autres ; Michelet lui-même, malgré sa prévention contre Robespierre, ne fut pas du tout convaincu par les plaidoyers du docteur Robinet. Il crut à la vénalité du tribun, qu'il appelle « un bravo de l'émeute » qui se faisait payer pour protéger la cour. Il ajoute foi aux accusations portées contre Danton, par tous les contemporains appartenant aux opinions et aux partis les plus variés, par la Fayette et par Mme Roland, par Bertrand de Moleville et par Mme Cavaignac (prononcez Cavagnac), par lord Holland et par Paganel, par Buonarroti et par Levasseur de la Sarthe et par bien d'autres.

Mais, Mesdames et Messieurs, je ne rappelle tout cela que pour que ce point-ci soit bien établi, à savoir que mes études et mes conclusions, si elles sont neuves par rapport aux apologies récentes, sont au contraire très conservatrices par rapport au courant général du XIX° siècle ; je n'ai rien innové, j'ai retrouvé et repris une tradition singulièrement forte et j'ai montré, du moins je l'espère, que cette tradition était fondée et que sa légitimité ne peut faire aucun doute.

C'est le moment maintenant d'examiner les principales accusations sous lesquelles Danton et sa séquelle ont succombé. Vénalité, corruption, entente avec tous les ennemis de la Révolution, les ennemis extérieurs aussi bien que les ennemis intérieurs, pour détruire la République, faire la paix à tout prix, provoquer une Restauration, voilà ce qu'on a reproché à Danton et aux siens, et on ne leur a pas reproché cela seulement au procès du Tribunal révolutionnaire, mais bien auparavant à la tribune des Jacobins et dans la presse dès le mois d'août

1793, et voilà les reproches que reprit Saint-Just, que Robespierre confirma et que la Convention et le Tribunal révolutionnaire, en germinal an II et vendémiaire an IV, ont sanctionnés.

Vénalité, corruption, ces deux griefs furent surabondamment prouvés pour plusieurs des co-accusés, des complices de Danton. Chabot, Delaunay d'Angers, Fabre d'Églantine, le banquier autrichien qui se faisait appeler Frey — le beau-frère de Chabot — et qui, en réalité, s'appelait Dobruska, le fournisseur abbé d'Espagnac, abbé de sac et de corde, qui furent jugés avec Danton, étaient tous réellement coupables. Chabot n'avait pas seulement fait chanter la Compagnie des Indes en liquidation, de concert avec Basire, Delaunay et Fabre d'Églantine. Il avait fourni le passeport avec lequel le banquier anglais Boyd, agent de Pitt, avait réussi à échapper à la police révolutionnaire. Il était en relations intimes avec le baron de Batz, qui était le principal chef du mouvement royaliste à Paris ; il avait épousé, avec une dot de 200.000 livres, la sœur des espions autrichiens Frey. Chabot était indéfendable.

Fabre d'Églantine eut beau nier, avec cynisme, les pièces du dossier l'accablaient, il avait participé avec Delaunay à la confection du faux décret de liquidation de la Compagnie des Indes. Et ici, je ne puis que vous renvoyer au livre de 400 pages, où j'ai publié tout le dossier du procès avec deux fac-similés qui lèvent tous les doutes. Jamais, depuis dix ans que ce livre est paru, jamais on ne m'a fait la moindre objection, mais on s'est bien gardé de faire connaître son existence.

Quant à Danton, il fut prouvé au moment même, qu'il était l'ami, le protecteur de tous ces fripons, que ceux-ci comptaient sur lui et ils n'avaient pas tort, puisque Danton les a défendus avec ténacité à plusieurs reprises à la tribune de la Convention, puisque Danton a fini par s'attirer de Billaud-Varenne, le jour de l'arrestation de Fabre d'Églantine la fameuse réplique que vous connaissez tous : « Malheur à celui qui s'est assis à côté de Fabre d'Églantine et qui est encore sa dupe ! »

Basire avait mis en cause Danton dans la première dénonciation qu'il a faite au Comité le 26 brumaire et dont j'ai retrouvé la minute. Il avait affirmé, dans cette minute originale écrite de sa main, que Julien de Toulouse, un de ses co-accusés lui avait dit que Delaunay, le complice de Chabot, lui avait annoncé un plan formé avec Danton de faire une fortune considérable et de la réaliser, que Delaunay préparait contre les compagnies financières un mémoire foudroyant, que Danton avait fait une motion sur la démonétisation des assignats, qui était excellente pour l'Association.

Sans doute Basire raya ses passages sur la mise au net de sa dénonciation et il n'en fut plus question au Tribunal révolutionnaire, mais Danton qui était alors à Arcis-sur-Aube pour soigner sa santé, accourut aussitôt à Paris dès qu'il fut prévenu par Courtois, son parent et ami, que Chabot et Basire étaient en train de dénoncer l'affaire de la Compagnie des Indes.

Il vint à Paris pour se défendre, et pour se défendre, Mesdames et Messieurs, il lança cette campagne pour la clémence — il avait bien besoin pour lui-même de cette clémence — et rien n'est plus juste que le mot de Saint-Just : « Ils veulent briser les échafauds, parce qu'ils craignent d'y monter ». Au Tribunal révolutionnaire, on n'a pas approfondi la responsabilité personnelle de Danton dans le scandale de la Compagnie des Indes, ou du moins le compte rendu des séances très succinct qui figure au *Bulletin* du Tribunal révolutionnaire ne nous permet pas d'en rien savoir.

Ici, je vous apprends que ce bulletin du Tribunal révolutionnaire n'était pas un bulletin officiel. J'ai montré, dans une étude sur le procès des Hébertistes, que le rédacteur de ce bulletin était sûrement gagné aux Dantonistes. Ce qui le prouve, Messieurs, encore, c'est que le bulletin reproduisit presque *in extenso*, la longue défense que Fabre d'Églantine avait fait imprimer avant le procès, et qu'il résuma en quelques lignes la capitale déposition de Cambon, témoin à charge.

Les débats du Tribunal révolutionnaire ainsi déformés, ne nous permettent pas de nous faire une opinion définitive sur le point précis de la responsabilité personnelle de Danton dans l'affaire du faux décret de liquidation de la Compagnie des Indes.

Nous sommes obligés de nous servir de documents d'archives qui figurent ou qui ne figurent pas dans le dossier du procès. Bien des choses que les juges et que les jurés du Tribunal révolutionnaire soupçonnaient sur des indices ont été depuis éclaircies, confirmées par des révélations postérieures, si bien qu'aujourd'hui nous pouvons beaucoup mieux faire le procès de Danton qu'en germinal an II. Les contemporains : Saint-Just, La Fayette, Robespierre, Billaud-Varenne, ont eu la conviction que Danton avait été aux gages de la liste civile et des Lameth, et nous possédons aujourd'hui les preuves qui leur manquaient. Ces preuves, je voudrais les exposer. J'exposerai d'abord celles de ces preuves qui touchent à la vénalité et je rechercherai ensuite si Danton a bien gagné l'argent de la Cour et des Lameth et des autres corrupteurs, et enfin si sa politique a servi réellement la cause de la contre-révolution, la cause de l'ennemi, la cause des émigrés.

D'abord la vénalité :

Le premier des accusateurs posthumes et inattendus de Danton qui s'offre à nous, c'est Mirabeau. Et c'est un accusateur terrible, parce qu'il est à la source de la corruption, parce qu'il parle dans une lettre familière à un ami, sans arrière-pensée, et qu'il lui parle de choses qu'il connaît parfaitement. Un ancien ambassadeur près de la Cour de Sardaigne, M. de Bacourt, a publié en 1851 la correspondance de Mirabeau avec son ami le comte de La Marck. Le comte de La Marck avait été son introducteur et intermédiaire auprès de la Cour. Un érudit de mérite, M. Jules Flammermont, a retrouvé aux archives de Vienne plusieurs originaux des textes que M. de Bacourt a publiés, et cet érudit, M. Jules Flammermont, a montré que M. de Bacourt s'était permis quelques suppressions dictées par sa piété royaliste. Mais M. Jules Flammermont, ni personne n'ont contesté que les documents publiés étaient parfaitement authentiques, personne n'a accusé M. de Bacourt d'avoir fait des additions aux textes. Pour comprendre la gravité du témoignage dont je vais parler, il faut que vous vous souveniez que Mirabeau s'était vendu à la Cour une première fois au mois de novembre 1789 par l'intermédiaire de *Monsieur*, Comte de Provence, le futur Louis XVIII, à l'occasion de l'affaire Favras ; il s'était vendu alors pour qua re mois, il se vendit ensuite une seconde fois à l'expiration de ce délai au mois d'avril 1790, pour toute la durée de la Constituante. Aux termes du premier contrat, dont l'original est entre les mains du duc de Blacas, mais dont un fac-similé a été reproduit en frontispice du tome III du livre de M. Gustave Bord, *Autour du Temple*, Mirabeau recevait, avec la promesse d'une ambassade, un traitement de 50.000 livres, « à charge d'aider le roi de ses lumières, de ses forces, de son éloquence, dans ce que *Monsieur* jugerait utile au bien de l'État et à l'intérêt du roi, deux choses que les bons citoyens regardent sans contredit comme inséparables, et dans le cas où M. de Mirabeau ne serait pas convaincu de la solidité des raisons qui pourraient lui être données, il s'abstiendrait de parler sur cet objet ».

Aux termes du second contrat, négocié celui-ci par le comte de La Marck et par Mercy-Argenteau, ambassadeur d'Autriche à Paris, Mirabeau reçut 200.000 livres en une fois pour payer ses dettes, plus 6.000 livres par mois, plus quatre billets de 250.000 livres chacun, se montant dans l'ensemble à 1 million, payables à la clôture de l'Assemblée.

Or, à la fin de décembre 1790, Mirabeau exposa à la Cour dans ses 47e et 48e notes, la nécessité urgente d'organiser un atelier de police et de propagande secrètes pour connaître tout ce qui se passait dans les clubs, gagner leurs dirigeants, influencer leurs délibérations, répandre de bons écrits dans le public au moyen de folliculaires à gages. Il recommanda, pour diriger cet atelier de police, l'ancien lieutenant civil au Châtelet, Antoine Omer Talon, membre de la Constituante, qui avait des accointances aux Jacobins.

La Marck appuya Mirabeau et l'atelier de police commença à fonctionner en janvier 1791, sous la direction de Talon, qui eut à sa disposition plusieurs millions. Or, au mois de mars 1791, Mirabeau qui avait pris ces gens-là au service de la Cour, mit à leur disposition des sommes importantes dont le Ministre des Affaires étrangères, M. de Montmorin, était l'un des distributeurs. Mirabeau ne fut pas content de leur conduite et il écrivit à son ami La Marck cette lettre intime que je vais vous lire *in extenso* :

« Il faut que je vous voie ce matin, mon cher comte. La marche des Talon, Sémonville et compagnie est inconcevable. Le Montmorin m'en a appris et je lui en ai appris hier des choses tout à fait extraordinaires, non seulement relativement à la direction des papiers (c'est-à-dire des journaux) qui redoublent de ferveur pour La Fayette et contre moi, mais relativement à des confidences et à des motions particulières du genre le plus singulier. Et, par exemple, Beaumetz, Chapelier et d'André ont dîné *in secretis* (1), reçu les confidences de Danton, etc., etc. (*sic*) et, hier au soir, ont fait, en mon absence, la motion de démolir Vincennes pour se populariser. Ils refusent de parler sur la loi des émigrants, de peur de se dépopulariser. Ils demandent à M. de Montmorin, une proclamation du roi qui annonce la Révolution aux puissances étrangères, pour se populariser, etc., etc.

« Danton a reçu hier 30.000 livres et j'ai la preuve que c'est Danton qui a fait faire le dernier numéro de Camille Desmoulins. ...Enfin, c'est un bois. Dînons-nous ensemble aujourd'hui ? Y seront-ils ? Leur parlerez-vous à part ? Enfin, il faut nous voir.

« Je vous renvoie votre mandat : 1º parce qu'il est au nom de Pellenc, chose dont je ne me soucie pas ; 2º parce que Pellenc est malade à ce qu'il dit, et qu'ainsi il n'irait pas chez M. Samson. Or, mon homme part. Il est possible que je hasarde ces 6.000 livres-là. Mais, au moins, elles sont plus innocemment semées que les 30.000 livres de Danton. Il y a au fond une grande duperie dans ce bas monde à n'être pas un fripon ».

Cette lettre que Mirabeau a écrite au moment même, dans

---

(1) C'est-à-dire en secret.

tout l'abandon de l'amitié, exprime la déception d'un homme trompé par ceux qu'il paie ; c'est une preuve irréfragable qu'à cette date de mars 1791, quand Louis XVI projetait déjà sa fuite à Varennes, Danton était à la solde de la liste civile, il était un des agents les plus notoires que Mirabeau et Talon avaient enrôlés dans leur bureau de propagande et de police secrète.

Un tel document-massue, qui n'a pas été écrit pour les besoins de la cause, devrait clore tout débat — c'est déjà ce que disait Louis Blanc, — mais puisque les défenseurs à tout prix de Danton ne se sont pas déclarés convaincus, puisqu'ils ont balbutié les arguties les plus pitoyables pour écarter ce texte, qu'ils me permettent de vous soumettre d'autres documents qui ne se bornent pas à confirmer mais qui aggravent singulièrement le témoignage de Mirabeau, documents que ces Messieurs les apologistes n'ont pas connus et que je veux faire comparaître maintenant devant vous.

Je vais faire comparaître devant vous, le chef même de l'atelier de police : Talon. L'ancien lieutenant civil au Châtelet était un habile homme que les scrupules ne gênaient guère, et qui n'eut jamais toute sa vie qu'une pensée : faire fortune.

Quand le marquis de Favras, au mois de décembre 1789, avait comploté d'assassiner Bailly et Lafayette, d'enlever le roi, et qu'il avait été découvert par la trahison d'un de ses agents, Talon avait été chargé de l'instruction au Châtelet. Il avait rendu au roi et à Monsieur, à cette occasion, les services les plus signalés. Il était intervenu auprès de l'accusé pour l'empêcher de mettre en cause les hauts personnages qui avaient encouragé et subventionné sa téméraire entreprise. Talon avait gardé secret le mémoire justificatif que Favras lui avait remis avant de marcher au supplice, mémoire dans lequel Favras affirmait qu'il n'avait fait qu'exécuter les ordres de Monsieur et de la Reine.

Muni de cette pièce compromettante, Talon était en situation de faire chanter la famille royale, et quand Mirabeau et La Marck le proposèrent à la Cour pour le poste de confiance de chef de la contre-police royale, ils ne manquèrent pas de rappeler l'un et l'autre l'existence de cette pièce compromettante que Talon détenait et ils ajoutèrent qu'il était un homme à ménager. Bien entendu, La Marck, comme Mirabeau lui-même ne se faisait pas la moindre illusion sur le désintéressement de Talon et de ses agents.

Il écrivait le 26 janvier 1791 : « Il ne faut pas se dissimuler que les gens qu'on emploie à cette œuvre sont poussés par l'espoir de se gorger d'or ».

Talon a conservé son emploi lucratif jusqu'à la chute du trône, et à ce moment, menacé d'arrestation par la Commune révolutionnaire de Paris, la Commune du 10 août, qui avait mis les scellés sur son domicile, il s'est enfui en Angleterre et, paraît-il, en emportant le reliquat des fonds qui lui étaient confiés, c'est-à-dire 2 millions.

Compromis à fond par les pièces de l'armoire de fer, frappé d'un décret d'accusation par la Convention, le 3 décembre 1792, déjà perquisitionné à son domicile, Talon séjourna à l'étranger tant que dura la tourmente. Il voyagea aux États-Unis, il parcourut l'Angleterre et se livra à des spéculations heureuses, avec une banque anglaise, la banque Baring et une maison d'Amsterdam, la maison Boucherot, et il devint si riche qu'il pût donner à sa fille, la comtesse du Cayla — qui sera la favorite de Louis XVIII — 300.000 francs de dot.

Au moment du Consulat, il crut pouvoir rentrer en France, mais la police de Bonaparte était bien faite. On l'arrêta, on le conduisit au Temple et on l'interrogea. Le 28 septembre 1803, M. Pierre Fardel, magistrat de sûreté du premier arrondissement de Paris, lui fit subir un interrogatoire très curieux qui est encore en grande partie inédit, et que je compte publier prochainement dans ma revue. Il est aux Archives nationales sous la cote F7 6374. Les questions qui lui furent posées très nombreuses, très précises, avaient été préparées à l'avance par le Ministre de la Justice, Régnier, et Régnier les avait soumises pour approbation à Bonaparte lui-même. Or, voici ce qui concerne notre sujet dans cette pièce absolument inconnue des apologistes de Danton.

A la question : « De quelle fonction particulière et secrète avez-vous été chargé par la Cour ? » Talon reconnut qu'il « avait été chargé de veiller à la sécurité personnelle du roi, sur les différentes oppositions et menées du parti qui était en opposition avec la majorité de l'Assemblée ».

Sur une nouvelle question au sujet des pièces de l'armoire de fer, il répondit qu'il avait pris différentes mesures pour la sûreté personnelle du roi, qui avait mis à sa disposition des fonds, qu'il avait fait verser entre les mains de M. Randon de la Tour, un des cinq commissaires de la Trésorerie et il précise que les mesures dont il fut chargé consistaient : « 1º à avoir une surveillance générale de police ; 2º des personnes sûres dans la garde nationale et dans les clubs, dans les bataillons que l'on avait soin de faire venir au château ».

On lui demande : A quelle époque avez-vous quitté la France ? Où vous êtes-vous immédiatement retiré ? Il répond qu'il a quitté la France le 4 septembre 1792, immédiatement après les massacres de septembre. « Danton, alors ministre de la Justice, me donna un passeport pour le Havre et je m'embarquai pour l'Angleterre ».

Question : « Qui vous avait donné l'instruction de rallier les anciens Cordeliers, comme vous avez fait du temps de la Cour ? »

« — Je n'ai jamais eu aucun rapport avec les Cordeliers. J'ai eu des rapports avec Danton à l'effet de découvrir ce qui pouvait intéresser la sûreté individuelle du roi ». Mais ce n'est pas tout. Talon ne se borne pas à reconnaître, sous la foi du serment, qu'il avait enrôlé Danton dans son équipe de surveillance, et que Danton reconnaissant lui a procuré le passeport qui lui a permis d'échapper à la police révolutionnaire.

« Quels sont les ministres anglais avec lesquels vous avez eu des relations politiques ou d'amitié ? »

« — Je n'ai jamais eu de relations politiques ou d'amitié avec les ministres anglais. Quand il fut question, à cette époque, d'une proposition de négociation relative au roi alors en prison, Danton accepta de faire sauver par un décret de déportation la totalité de la famille royale. J'envoyai à mes dépens un ami pour faire la même communication au roi de Prusse à Coblentz. Il était chargé d'une lettre de M. le duc d'Harcourt pour avoir une confiance à laquelle je n'avais pas le droit de prétendre n'étant pas connu du roi de Prusse. Il s'adressa à l'archiduchesse Christine, il lui communiqua ses instructions ainsi qu'à l'Électeur de Cologne qui était avec elle. M. de Metternich lui refusa un passeport pour continuer sa route jusqu'à Coblentz et de vive voix l'assura qu'il écrirait à l'Empereur et au roi de Prusse et lui ajouta que l'Ambassadeur de l'Empereur à Londres me donnerait la réponse. Il revint me trouver à Londres et je fis passer ces détails à M. Pitt. Il me fut démontré, n'ayant pu avoir aucune réponse, que les puissances étrangères, se refusaient au sacrifice pécuniaire demandé par Danton, qui, cependant, avait mis pour condition que la somme ne lui serait comptée que lorsque la famille royale aurait été remise entre les mains des commissaires chargés de la recevoir. »

On lui demande encore quel est cet ami qui a été envoyé au roi de Prusse et à l'Empereur. Il répond qu'il s'appelle Esprit Bonnet et demeure à Paris, rue Caumartin.

Ce témoignage est d'une sincérité indiscutable. Danton est mort depuis neuf ans, Talon n'a aucun intérêt à charger sa mémoire en racontant la part que Danton a prise avec lui aux efforts tentés pour sauver Louis XVI.

Remarquez que Talon ne croit pas nuire à la réputation de Danton en racontant ces choses ; pour Talon, resté royaliste, un révolutionnaire qui trahit la Révolution mérite une récompense. Si le juge avait eu le moindre doute sur sa véracité, rien n'était plus facile que d'interroger Esprit Bonnet qui vivait encore ; mais ce témoignage écrasant de Talon n'a pas seulement pour utilité de confirmer le premier témoignage que je vous ai lu, celui de Mirabeau. Nous pouvons le confronter encore avec d'autres aussi écrasants, avec le témoignage de Théodore Lameth dans ses mémoires et avec celui d'un agent de Pitt, Miles.

Une parenthèse sur les Lameth. Ils étaient trois frères : Alexandre, Charles et Théodore ; ils étaient devenus, après la mort de Mirabeau, les conseillers attitrés de la Cour, qui subventionna leur journal le *Logographe*, même avant la fuite à Varennes. Les sommes reçues par eux et par leur agent Pellenc, ancien secrétaire de Mirabeau passé à leur service, figurent en quittances dans les pièces de l'armoire de fer.

Théodore Lameth nous dit dans ses mémoires déposés à la Bibliothèque nationale en 1883, quatre ans avant qu'on élevât la première statue de Danton, ces mémoires n'ont été publiés qu'en 1913. Il nous dit que Danton sauva son frère Charles resté à Rouen après le 10 août et qu'il lui procura, à lui, Théodire, le passeport qui lui permit de se réfugier en Angleterre et d'échapper aux révolutionnaires. Il ajoute qu'il revint d'Angleterre au moment du procès du roi, qu'il vit Danton à deux reprises, et que Danton lui promit son concours pour sauver le roi au besoin par un coup de force, par une émeute.

Il ajoute que Danton avait fait des préparatifs à cet effet avec Delacroix, son collègue à la Convention. Il déclare d'ailleurs formellement dans ses souvenirs, que Danton fit tout ce qui dépendait de lui pour sauver le roi. Il ne laisse pas ignorer que lui, Théodore Lameth, a été mêlé aux efforts du chargé d'affaires d'Espagne Ocariz pour acheter les Conventionnels ; il n'avait pas assez d'argent et essaya d'en avoir de Pitt qui refusa, et Talon indigné s'écria en parlant de Pitt : « Il veut un pendant à Charles Ier. » Théodore Lameth précise que Danton répandit l'argent parmi les Conventionnels et que Chabot était alors un des agents de Danton qui voulait sauver Louis XVI.

« Je ne puis douter de ce qui eut lieu alors, car j'étais revenu d'Angleterre où je n'étais que depuis six semaines, malgré la loi qui condamnait les Émigrés à mort et qui venait d'être rendue, pour voir Danton, que je déterminai aux démarches qu'il fit. »

Dans une récente communication du 9 novembre 1925, qu'il a faite au journal *La Croix*, et dont il m'a confirmé le contenu dans une lettre particulière, le comte Lecoulteux de Caumont, descendant direct du célèbre banquier Lecoulteux de Canteleu, a affirmé qu'il résultait des pièces léguées par son ancêtre et de sa correspondance avec Ocariz que Lecoulteux avait versé à Ocariz pendant le procès du roi 2.300.000 francs pour acheter le groupe Chabot et que Chabot avait touché 500.000 livres. Or, Théodore Lameth nous affirme que Chabot n'était ici que l'agent de Danton et cela explique pourquoi Danton défendra Chabot jusqu'à se compromettre, quand Chabot sera mêlé au scandale de la Compagnie des Indes.

Je ne croirai pas que Danton ait reçu chez lui par deux fois un émigré, Théodore Lameth, malgré la rigueur terrible des lois, qu'il lui ait promis son concours pour sauver le roi et sa famille, sans exiger une rémunération. Théodore Lameth nous a dit qu'il agissait de concert avec Ocariz chargé d'affaires d'Espagne, qui tirait sur la banque Lecoulteux. Mais nous avons, pour nous éclairer, un témoignage que j'ai retrouvé aux archives : le témoignage du cousin de Danton, Philippe, qui écrira au Comité de Salut public au moment du procès de germinal, et qui affirmera à plusieurs reprises devant plusieurs témoins, dont j'ai publié les déclarations, que Danton avait reçu des Lameth un paquet d'assignats de 150.000 livres et Philippe dit tenir la chose de la propre femme de Danton.

Maintenant, que Danton ait employé Talon à soutirer à Pitt le complément des quatre millions qu'il exigeait et qu'Ocariz ne pouvait lui fournir, faute de crédit, ce n'est pas seulement Théodore Lameth qui le dit, c'est un agent diplomatique de Pitt qui l'affirme, et qui l'affirme au moment même avec une précision qui ne laisse rien à désirer. William-Augustus Miles qui appartenait au parti Whig, très lié avec le beau-frère de Grenville, Ministre des Affaires étrangères, avait été employé déjà par Pitt dans plusieurs missions de confiance à Liége, à la veille de la Révolution et à Francfort. Dans le long séjour qu'il fit en France en 1790 et 1791, il connut beaucoup de révolutionnaires, il observa bien des gens au Club des Jacobins, dont il suivit assidûment les séances. A son retour en Angleterre, il s'efforça d'éviter la guerre entre son pays et la France. Sa correspondance, très intéressante, a été publiée en anglais en deux volumes par son petit-fils, le révérend Popham Miles. Les historiens français ne l'ont pas connue et s'ils l'ont connue, ils n'en ont pas tenu compte, et permettez-moi aussi de vous faire remarquer que cette corespondance a paru en 1890 et que c'est un an plus tard qu'on inaugurait la statue du boulevard Saint-Germain.

Cette correspondance renferme la minute écrite de la main de Miles, datée du 18 décembre 1792, d'une conversation que Miles vient d'avoir avec l'ancien abbé Noël, le grammairien de la grammaire Noël et Chapsal, un agent de Danton, qui avait été envoyé à Londres après le 10 août.

Voici cette pièce qui est une confirmation éclatante des témoignages de Théodore Lameth et de Talon lui-même :

« La personne de confiance envoyée par le Conseil exécutif (c'est-à-dire l'abbé Noël) est venue ce soir à neuf heures et demie. Elle s'est déclarée elle-même amie de l'humanité et, quoique républicaine, elle était parfaitement persuadée que la mort du roi ne serait d'aucune utilité pour le nouveau gouvernement de la France ; qu'après avoir réduit Louis XVI au rang de simple citoyen, la France n'avait plus rien à craindre du monarque détrôné ; que, ce que recherchait la France, ce n'était pas le supplice d'un homme, mais la destruction de la royauté, et que ce dernier objet était maintenant pleinement réalisé. Après ces prémisses, qui furent longues, il me dit qu'il voyait une disposition dans le Conseil exécutif à éviter de répandre le sang de Louis XVI et qu'il supposait que M. Pitt et le gouvernement attachaient quelque importance à ce désir charitable. Il en vint alors à me proposer de me communiquer la seule méthode certaine par laquelle la vie du roi pourrait être sauvée. Il me dit que c'était un individu qui rassemblait à Londres les moyens, mais qu'étant suspect (Talon venait d'être mis en accusation) il lui était impossible de le voir à ce sujet. Il insista sur l'esprit vigoureux de cet individu ; il dit que ses ressources étaient immenses, ses connaissances étendues et qu'ayant eu une part active à la Révolution, qu'étant resté en bons termes avec tous les partis, qu'étant très profondément et confidentiellement engagé dans les affaires du roi, lui seul pouvait réussir dans l'entreprise. Il a demandé alors si je voudrais parler de la chose à M. Pitt, mais qu'il ne devait pas être nommé lui-même ; qu'il n'avait plus rien à dire sur le sujet, sinon de me donner le nom et l'adresse de l'individu (M. Talon, 116, Sloane-Street, à Chelsea), et que j'étais alors libre de faire ce que je jugerais à propos. Je demandai de quelle façon M. Pitt pourrait intervenir. Il me fut répondu que ce devait être secrètement et non ouvertement. Je le priai de s'expliquer. Il dit qu'il ne pouvait s'expliquer davantage, qu'il m'avait soumis la chose en confidence et que l'affaire, autant qu'elle le concernait, devait en rester là.

« Soupçonnant que ce pouvait être une feinte de la part du Conseil exécutif pour découvrir si notre gouvernement s'intéressait lui-même à la préservation de la vie du roi et me rendant compte que, si une telle idée devait être admise, l'Angleterre pourrait être accusée de désirer effectuer la contre-Révolution, je crus prudent de paraître extrêmement indifférent à la vie ou à la mort de Louis XVI, si bien que le Monsieur qui vint à moi a lieu de se plaindre de la rudesse et du mauvais accueil qui lui fut fait au sujet du roi. C'était aussi dans l'opinion qu'il était prudent de renforcer à Paris la conviction que M. Pitt s'était fait à lui-même un devoir de ne pas se mêler du gouvernement intérieur de la France dans aucun cas, sous aucun prétexte, ni directement, ni indirectement. L'observation fut faite que c'était chose secrète. Je répondis que j'avais trop l'expérience du monde pour croire que l'intervention proposée pût rester secrète vingt-quatre heures et que, comme je savais l'aversion de M. Pitt à se mêler des affaires intérieures de la France, relativement à la question qu'on pût penser qu'il interviendrait au sujet du jugement du roi, je devais décliner la proposition, non seulement dans la pleine conviction où j'étais que ce serait chose inutile, mais aussi par raison de délicatesse à l'égard de M. Pitt lui-même.

« Il exprima le désir que, puisque je ne voulais pas en parler à M. Pitt, ce qu'il avait dit restât confidentiel, entre quatre yeux. Ceci mit fin à la conversation. Je vis qu'il était très satisfait d'apprendre que le ministère était neutre. En sortant, il exprima l'espoir que l'état de la France pût être un exemple pour l'Angleterre et nous détournât de détruire notre excellente Constitution ».

Ce texte confirme exactement le fond du récit de Talon et de Théodore Lameth. Ainsi voilà encore un fait acquis. Pendant que Danton, à la tribune, provoque les rois, il cherche secrètement à s'entendre avec eux, il leur envoie des émissaires pour leur soutirer des millions, afin de sauver la vie de Louis XVI.

Pendant qu'il voue les émigrés au supplice, il les reçoit chez lui, il les protège, il leur donne des espérances.

J'ai lu aux archives des Affaires étrangères la correspondance de Noël, cet agent de Danton, avec Danton d'une part, et Lebrun, Ministre des Affaires étrangères d'autre part. Il y est question à plusieurs reprises de Talon, désigné par l'initiale T. Il y est souvent question aussi d'argent. « Il faut trois choses décisives en affaires : du positif, du secret et de l'argent », ou encore : « Faisons un pont d'or à l'ennemi ». J'ai remarqué aussi que le cousin de Danton, Mergez, le futur général et son demi-frère Recordain, avaient accompagné Noël à Londres, et, dans le dossier, il y a des lettres de Mergez et de Recordain.

Danton ne se borna pas à donner des promesses verbales à Théodore Lameth ; il est certain qu'il a fait ce qu'il a pu pour sauver le roi, et gagner honnêtement l'argent reçu d'Ocariz. Le 23 décembre, à peu près cinq jours après la tentative fructueuse de Noel auprès de Miles pour ménager une entrevue secrète entre Talon et Pitt, un journaliste endetté, Robert, qui se livrait à toutes sortes d'affaires, par exemple à des spéculations sur le rhum et qui pour cela fut gravement inquiété en 1793, ce Robert, intime ami de Danton, fit aux Jacobins la proposition formelle d'un sursis au procès du roi. « Il dit qu'il ne faut pas que les patriotes s'opposent au délai que pourrait demander Louis Capet. Il ajoute qu'il serait de bonne justice et de saine politique que ce fût un Jacobin qui fît la demande d'un délai pour Louis Capet ».

Mais cette proposition fut mal accueillie ; Jeanbon Saint André et Albitte protestèrent vivement contre cette motion dilatoire qui surprit les Jacobins ; or, il est évident que cette action de Robert à Paris se liait avec celle des libéraux anglais à Londres, avec lesquels Noël était en relations. Les orateurs libéraux de la Chambre des Communes, et de la Chambre des Lords, Sheridan, Landsdowne, Fox, appuyèrent de leur mieux au moment même l'intrigue dantonienne. Le 21 décembre, deux jours avant l'intervention de Robert aux Jacobins, Lord Landsdowne propose à la Chambre des Lords que l'Angleterre envoie un ambassadeur spécial pour intervenir auprès de la Convention pour lui dire l'intérêt particulier que la nation anglaise prend au sort de Louis XVI. Pitt répond qu'une telle démarche est impossible, qu'elle dérogerait à la dignité du roi d'Angleterre.

Une tentative fut faite au moment même auprès de Pitt pour en obtenir l'argent qu'il ne voulait pas donner, par le propre frère de Godoi (1) qui vint à Londres tout exprès au début de décembre.

Dans les fameuses notes écrites par Robespierre sur le rapport de Saint-Just, on lit au sujet de Danton : « Il ne voulait pas la mort du tyran ; il voulait qu'on se contentât de le bannir, comme Dumouriez qui était venu à Paris avec Westermann, le messager de Dumouriez auprès de Gensonné, et tous les généraux ses complices, pour égorger les patriotes et sauver Louis XVI. La force de l'opinion détermina la sienne et il vota contre son premier avis ainsi que Lacroix, conspirateur décrié, avec lequel il ne put s'unir en Belgique que par le crime ».

Robespierre a dit la vérité comme toujours. Vous savez cependant que Danton, au dernier moment, manqua aux royalistes, et qu'il ne se borna pas à appuyer son vote de mort d'une menace déclamatoire contre les tyrans, auxquels il lança en défi une tête de roi, mais qu'il vota aussi contre le sursis au

---

(1) Godoi, duc d'Alcudia, était premier ministre d'Espagne.

milieu des murmures, des « oh ! oh ! ».du côté droit qui ne s'attendait pas à cette cynique volte-face, car pourquoi ce revirement final de Danton ? Raison de popularité sans doute. Mais il y a autre chose. Pitt n'avait pas complété la somme que Danton avait fixée à Ocariz ; il avait réclamé quatre millions, Ocariz n'en avait fourni que la moitié. Dumouriez, que sa liaison intime avec Talon, avec Noël et avec Danton, a mis à même d'être très bien renseigné, nous dit, dans ses mémoires, qu'une maladresse de Bertrand de Moleville, ancien Ministre de la Marine de Louis XVI, alors réfugié à Londres, blessa profondément Danton. Bertrand de Moleville avait écrit à Danton, au moment du procès du roi, pour le menacer de révéler les sommes qu'il avait reçues de la Cour, s'il ne votait pas bien.

N'ayant pas reçu de réponse de Danton, il mit sa menace à exécution et adressa au Ministre de la Justice, un paquet de documents compromettants pour Danton et pour les Girondins.

Ce n'est pas seulement Dumouriez qui nous apprend la chose, Bertrand la confirme dans ses mémoires et M. Edmond Seligmann, dans son remarquable ouvrage sur la *Justice en France sous la Révolution*, au tome II, page 447, note 4, nous affirme que l'envoi de Bertrand est sûrement celui qui est mentionné dans l'inventaire de la Commission des 21 sous le titre : « Envoi au Ministre de la Justice d'un paquet venu de Londres pour la défense du roi, adressé à Malesherbes, reçu le 24 décembre 1792 ».

Déjà l'auteur de l'article Danton, dans la vieille biographie Didot, Mallet nous avait révélé que les pièces envoyées par Bertrand de Moleville avaient été étouffées par le Ministre de la Justice Garat, qui était un intime ami de Danton.

Et, de fait, les pièces ne se retrouvent plus aujourd'hui dans les dossiers de la Commission des 21, mais il en reste trace dans l'inventaire.

Il est donc admis surabondamment par les témoignages les plus authentiques que Danton fut aux gages de Louis XVI ; c'est Mirabeau, c'est Talon, c'est Théodore Lameth, c'est Bertrand de Moleville, c'est Dumouriez, qui le proclament, — personnages qui dirigeaient la police secrète de la Cour et qui ont pu apprécier ses services. Ce sont les lettres de l'agent de Danton, Noël, écrites au moment même, à Lebrun et à Danton lui-même, ce sont les lettres de l'agent de Pitt, Miles, les pièces des archives subsistantes qui nous confirment la chose. Un tel luxe de preuves doit entraîner la conviction, mais comme je n'ai rien voulu laisser dans l'ombre, j'ai tenu à procéder à une contre-épreuve et même à une double contre-épreuve. J'ai poursuivi les apologistes de Danton sur leur propre terrain dans leurs derniers refuges, sans espérer du reste les amener à reconnaître leur erreur, mais en les obligeant depuis quinze ans à laisser toutes mes démonstrations sans la moindre réplique. Cette double contre-épreuve, dont je veux vous exposer aussi brièvement que possible les résultats, a consisté à rechercher s'il est vrai, comme l'affirment les apologistes, que la fortune de Danton ne s'est pas accrue d'une façon anormale, que la gestion des fonds secrets de son ministère a été loyale et correcte, s'il est vrai que l'accusation portée contre lui dans la presse d'avoir pillé la Belgique au cours de sa mission, avec son acolyte Delacroix, auprès de Dumouriez, ne repose que sur des racontars. Faire la contre-épreuve consistera encore à vérifier par l'étude de l'action politique de Danton, s'il est vrai, comme l'affirment avec intrépidité les apologistes, que cette action fut nette, loyale, républicaine et patriotique ou si, au contraire, les griefs précis apportés par Saint-Just et par Robespierre, adoptés par la Convention et le Tribunal révolutionnaire sont fondés, oui ou non. J'ai donc encore deux parties à vous exposer : 1º la fortune de Danton ; 2º sa politique.

Je vous avais promis d'examiner tout d'abord la fortune de Danton et son action politique dans ses rapports avec l'argent. La fortune de Danton d'abord. Que cette fortune se soit accrue de façon anormale, que sa subite richesse et son train luxueux aient scandalisé les contemporains, cela est si vrai qu'à plusieurs reprises Danton dut présenter des explications à ce sujet ; et ses explications se ramènent toutes à dire que les acquisitions qu'il a faites l'ont été avec le produit du remboursement de sa charge d'avocat au Conseil du Roi, charge qui fut supprimée avec tous les offices de judicature, dès le début de la Constituante. Dès le milieu d'avril 1791, le fameux Courtois, l'âme damnée de Danton qui sera plus tard chassé du Tribunat pour concussion, Courtois dut défendre son ami dans une *Lettre au Patriote français*. Les calomniateurs de Danton, ces « méchants frondeurs », comme dit Courtois, répandaient le bruit que « les routes de la fortune s'étaient aplanies sous ses pas, que c'était un homme soudoyé par un parti, un fabricateur de faux assignats ». La brochure de Courtois n'ayant pas coupé court aux mauvais bruits colportés, Danton se défendit lui-même dans le discours qu'il prononça le 20 janvier 1792, lors de son installation à l'Hôtel de Ville de Paris comme second substitut du Procureur de la Commune. Il prit soin de répéter ce qu'avait déjà dit Courtois, ce que répéteront ses apologistes d'aujourd'hui, que ses acquisitions de biens nationaux avaient été faites au moyen du remboursement de sa charge, mais il ne convainquit personne. Sous la Convention, Girondins, Enragés, Feuillants, Hébertistes, etc..., ont repris l'accusation avec un ensemble impressionnant et, le 23 frimaire an II, Danton a été réduit à l'humiliation de défendre une seconde fois sa vie privée au milieu des murmures et des interruptions des Jacobins.

« Vous serez étonné, dit-il, quand je vous ferai connaître ma vie privée, de voir que la fortune que mes ennemis m'ont prêtée se réduit à la petite portion de biens que j'ai toujours eue ». Déjà, le 26 août 1793, dans une séance orageuse des Jacobins, dans une réponse à Hébert, il avait invité ses calomniateurs à aller vérifier chez son notaire l'état de sa fortune. Le journal du Club des Jacobins résume ainsi la fin de son discours : « On prétendit qu'il avait assuré une fortune de 14 millions à ' une femme qu'il avait épousée après la mort de la première, « parce que, enfin il me faut des femmes, dit Danton ». Eh bien, c'est tout bonnement 40.000 livres dont je suis propriétaire il y a longtemps ».

Vous voyez donc que Danton s'est défendu à plusieurs reprises au sujet de l'accroissement subit de sa fortune et que le reproche que Aulard lui a fait — oh ! le seul reproche — d'avoir méprisé la calomnie, de s'être abstenu de la réfuter, que ce reproche n'est pas fondé.

Mais ce qui est vrai, c'est que les protestations de Danton n'ont convaincu aucun de nos contemporains, si elles ont convaincu M. Aulard. La calomnie, pour parler comme Courtois, était si répandue qu'elle a fait le tourment des fils de Danton qui étaient devenus filateurs à Arcis-sur-Aube, et qui ont vécu comme des réprouvés jusqu'à la veille de la Révolution de 1848. Or, il arriva, sous le règne de Louis-Philippe, qu'un avocat, homme consciencieux, Nicolas Villiaumé, qui préparait une histoire de la Révolution qui paraîtra en 1850, s'avisa d'interroger les fils de Danton comme il avait déjà interrogé précédemment Albertine Marat, sœur de l' « Ami du Peuple ». Rousselin de Saint Albin, le secrétaire de Barras, le vieux Conventionnel Sergent et tous les survivants de la grande époque. Ayant reçu cette lettre de Villiaumé, les fils de Danton, en 1846, se décidèrent à défendre la mémoire de leur père ; ils le firent dans un plaidoyer très travaillé, très minutieux où ils s'efforcèrent, en citant des documents et des chiffres, de prouver que vraiment la fortune de Danton ne s'était pas accrue par des moyens illicites.

Villiaumé fut convaincu par ce plaidoyer familial, surtout lorsqu'il put vérifier aux archives des finances que la charge de Danton lui avait été bien remboursée pour le chiffre mentionné par les fils de Danton, dans leur plaidoyer.

Ses lettres aux fils de Danton, que j'ai publiées, prouvent cependant que Villiaumé eut des hésitations, car il leur posa des questions renouvelées notamment sur un certain Pornis, qui aurait gardé pour Danton un dépôt énorme et sur lequel les fils de Danton ont déclaré qu'ils ne savaient rien.

Un autre des scrupules de Villiaumé est attesté par la demande qu'il fit aux fils de Danton de publier leur plaidoyer afin, dit-il, que les historiens pussent vérifier la vérité de leurs dires. Mais l'autorisation fut refusée et les fils de Danton interdirent à Villiaumé d'indiquer même indirectement qu'ils l'avaient renseigné. Le plaidoyer des fils de Danton a fait le fond de l'apologétique dantoniste jusqu'à nos jours. Ce plaidoyer a été confié, sous le sceau du secret, à Michelet, à Bougeart, au D* Robinet enfin qui s'est décidé à le publier en 1865 dans son *Mémoire sur la vie privée de Danton*, mais Robinet a supprimé du document, qui figure aujourd'hui en original dans la collection de la bibliothèque Le Pelletier de Saint-Fargeau, les lignes du début et celles de la fin, lignes qui indiquent que le plaidoyer avait été écrit sous forme de lettre à la demande de Villiaumé et que défense expresse avait été faite à celui-ci de le livrer à la publicité et de faire connaître que les fils de Danton en étaient les auteurs.

Le D* Robinet et tous ceux qui dérivent de lui ont accepté les yeux fermés les données de l'apologétique familiale. J'ai cru devoir les vérifier par tous les éléments d'information qui m'étaient accessibles ; j'ai fouillé les dépôts parisiens et les archives de l'Aube, mais surtout j'ai soumis chaque document, les anciens comme les nouveaux, à une critique rigoureuse. Et voici brièvement les résultats de mon examen. Quand Danton, clerc d'avoué sans fortune, épousa en 1787 la fille du café de l'École, à Paris, Antoinette-Gabrielle Charpentier, il ne lui est reconnu en tout et pour tout dans son contrat de mariage qu'un capital de 12.000 livres consistant en une moitié de maison qu'il possédait à Arcis en indivis avec sa sœur. Il achète sa charge d'avocat aux Conseils, au moment même où il se marie et toute entière à crédit. Sa femme lui apporte une dot de 20.000 livres sur laquelle il rembourse immédiatement 15.000 livres à son beau-père Charpentier, qui lui a prêté cette somme pour acheter sa charge. Il emprunte 36.000 livres à une demoiselle Duhauttoir, demeurant à Troyes, sous la caution de ses tantes maternelles ; il emprunte le reste à quelques autres personnes, si bien que, malgré sa dot, en entrant en ménage, il doit plus de 53.000 livres. Son office est liquidé le 20 avril 1791, et remboursé le 11 octobre suivant pour 69.031 livres, 4 sous, montant approximatif de son prix d'achat.

Un certificat du garde des rôles et offices de France, constate à cette occasion qu'il n'y a aucune opposition au remboursement opéré au profit de Danton. A cette date, Danton a donc remboursé les obligations contractées pour payer son étude et il ne doit plus rien à personne. La question se pose de savoir de quelle manière et avec quelles ressources il a pu acquitter en moins de quatre ans un capital de 53.000 livres et avec les intérêts, de 60.000 francs. Les apologistes admettent que les bénéfices de son étude lui ont suffi ; or, on sait de façon indubitable, par les recherches très précieuses et très complètes de M. A. Fribourg, on sait que Danton plaida en quatre ans, vingt-deux affaires en tout et la plupart insignifiantes. Je remarque que Danton a dû entretenir sa famille pendant ces quatre ans au cours desquels il lui est né deux enfants. Aux 60.000 livres de bénéfices nets qu'il aurait dû faire pour payer ses dettes, il faut ajouter ses dépenses personnelles : les honoraires des clercs, loyer, etc... et je ne crois pas qu'il y ait beaucoup d'études qui se vendent ainsi à raison de quatre fois le produit net. C'est ce qu'il faudrait admettre, si la thèse des fils de Danton est exacte. Je comprends mal que Me Huet de Paisy ait vendu si bon marché à Danton un office si productif.

J'ai consulté l'inventaire des biens de Danton dressé en germinal an II, après son supplice, et j'ai vu que Danton avait acheté en deux fois, le 24 mars 1791 et le 12 avril de la même année, trois biens nationaux pour la somme de 57.510 livres. J'y ai vu encore, que le 13 avril 1791, il avait acheté à la demoiselle Piot de Courcelles, acte passé chez Me Audin, notaire à Troyes, une belle maison à Arcis-sur-Aube, située auprès du grand pont, maison qu'il viendra désormais habiter pendant ses villégiatures et où il installera sa sœur et son beau-frère ; cette maison lui coûta 25.300 livres sans les frais d'actes. Il acheta donc en quinze jours pour 82.000 livres de propriétés ; il les paya sur-le-champ au comptant. Et il aurait pu, cependant, pour les biens nationaux, attendre et se libérer en ce qui concerne les achats de biens nationaux, en douze annuités. Il n'en fit rien. Il paya de même au comptant le 13 avril 1791, le jour de l'achat, la maison de la place du Grand-Pont et en 1794, au moment de l'inventaire de ses propriétés, ses quatre acquisitions sont totalement payées. Voilà donc un fait grave. En ce mois d'avril 1791, Danton a à sa disposition 80.000 livres d'argent liquide et cela plusieurs mois avant le remboursement de sa charge, remboursement qui ne fut effectué que le 11 octobre 1791.

Et, ce n'est pas tout : son office remboursé, Danton continue, avec la passion du paysan, à arrondir ses terres par des achats répétés. Ces nouvelles acquisitions, dont vous trouverez le tableau complet en appendice d'une de mes études dans les *Annales révolutionnaires* de 1912, se montent à 43.650 livres sans compter les frais d'actes. Si l'on admet avec Courtois, qui a donné cette explication, dans sa *Lettre au Patriote français*, que le beau-père de Danton, Charpentier, lui a avancé 40.000 livres pour l'aider à payer ses acquisitions d'avril 1791, je demande avec quoi Danton a payé le reste. Ses acquisitions territoriales dépassent 125.000 livres. Le remboursement de sa charge lui a rapporté 69.000 livres. Entre les deux chiffres, il y a un écart de 56.000 livres à combler, en supposant que Danton ait fait rapporter à son office pendant quatre ans cette somme de 69.000 livres, qu'il avait dû emprunter toute entière — ce que je n'admets pas. A sa mort, le soi-disant prêt de 40.000 livres provenant de son beau-père a été remboursé puisqu'il n'est fait aucune mention de cette dette ni d'autres dettes dans l'inventaire de 1794. Danton était devenu grand propriétaire foncier dans le département de l'Aube ; ses domaines ne couvraient pas moins d'une centaine d'hectares et avaient coûté 125.000 livres. La grande ferme de Nuisement, cette métairie dont il parla avec simplicité, à elle seule couvrait 73 hectares de terres. Il possédait encore par moitié avec sa sœur, la maison paternelle d'Arcis-sur-Aube, sise rue du Mesnil et estimée à 12.000 livres. Je n'ai pas tenu compte non plus des sommes importantes qu'il a consacrées aux réparations et dont les mémoires figurent aux archives de l'Aube. De plus, j'ai trouvé aux archives de l'Aube, les pièces justificatives d'une donation par laquelle Danton a constitué en faveur de sa mère, une rente viagère de 600 livres annuelle, une autre rente viagère de 100 livres pour sa nourrice, en 1791, et je n'en ai pas tenu compte. Il logeait gratuitement dans sa maison de la rue des Ponts à Arcis toute sa famille.

Je n'ai pas tenu compte davantage des biens mobiliers qu'il possédait dans quatre domiciles différents. Dans sa maison d'Arcis, trois cavales, deux pouliches, 100 toises de bois, des piles de planches, le tout vendu 6.575 livres, 13 sous, somme à laquelle il faut ajouter le prix de trois juments noires réquisitionnées par l'armée, et dont la valeur restituée aux enfants de Danton, en l'an IV, était de 2.000 livres ; en tout pour la maison d'Arcis, 8.575 livres 13 sous de mobiliers.

Pour la maison qu'il habitait à Paris, Cour du Commerce, dans l'inventaire détaillé dressé le 25 février 1793 et jours suivants après le décès de sa première femme, figurent entre autres trois pièces de Bourgogne, un mobilier très confortable, le tout prisé 13.910 livres.

Troisième mobilier dans la maison dont son beau-père, Charpentier, était propriétaire à Sèvres, qui existe toujours : on l'appelle la « Fontaine d'Amour ». L'inventaire ici porte : trois vaches, un petit âne, un petit marcassin, dix-huit poulets, vingt-et-une paires de pigeons, une berline, etc... La vente aux enchères produisit 8.102 livres 11 sous.

Enfin, quatrième mobilier, dans un appartement que Danton avait loué, au mois de novembre 1793, dans l'ancien château que possédait le duc de Coigny, le mari de la célèbre « jeune captive » d'André Chénier, à Choisy-le-Roi. La vente de ce quatrième mobilier produisit 1.617 livres 15 sous. Les quatre mobiliers de Danton valaient donc au total 30.261 livres, 39 sous au bas mot. Je dis au bas mot, car les meubles de la Cour du Commerce ont été prisés au-dessous de leur valeur. Ceux de Sèvres et d'Arcis vendus à une époque où la vente des biens des émigrés et des condamnés était très difficile, en dépit de la baisse des assignats. Enfin les 700 livres de rentes viagères qu'il servait à sa mère et à sa nourrice, représentaient à 4 %/₀ un capital de 12.500 livres.

Si je totalise toutes ces sommes, j'arrive aux résultats suivants : Danton possédait au moment de son décès, en fortune visible : 12.000 livres de biens patrimoniaux ; 125.000 livres d'acquisitions territoriales ; 30.000 livres de meubles divers ; 12.500 livres de capital de rentes viagères ; soit au total : 179.500 livres, chiffre de beaucoup inférieur à la réalité, car je n'ai rien dit des 10.000 francs reconnus à sa seconde femme dans son contrat de mariage, ni des 30.000 livres de donation personnelle faite en faveur de cette seconde femme, soi-disant par la tante de Danton, une demoiselle Lenoir, mais en réalité par lui-même, comme il résulte de ses explications aux Jacobins. Si j'ajoute 40.000 livres aux 179.500, j'arrive à 219.500 livres montant de la fortune visible, mais il faut retrancher de cette somme les menues dettes de la succession, dont les fils de Danton ont dressé l'état minutieux dans leur apologie, en tout 16.000 livres ; la fortune de Danton dépassait donc 203.000 livres au moment de son décès, en avril 1794, et au moment de son premier mariage en 1787, sept ans auparavant, il possédait en tout et pour tout, une moitié de maison dont il évaluait la valeur à 12.000 livres.

J'ai montré dans mes études sur la fortune de Danton que le mémoire apologétique de ses fils renferme des inexactitudes et des lacunes. Ils ont prétendu n'avoir hérité que de 84.960 livres et ils en ont conclu que la fortune de leur père ne dépassait pas cette somme. Conclusion inadmissible : ils ont oublié que leur père s'était marié deux fois, une seconde fois quatre mois après la mort de sa première femme qu'il idolâtrait ; ils ont oublié que la deuxième femme fit valoir des reprises qui s'élèvent aux 40.000 livres reconnues dans le contrat ; ils oublient encore qu'une partie de la fortune de leur père s'est dissipée dans les ventes multiples de l'an 2 et l'an 3. Leur valeur ne leur en a été restituée qu'en bons au porteur, c'est-à-dire en papier qui a subi une dépréciation énorme. Ils n'ont pas fait état de la moitié de la maison d'Arcis, et d'une maison située à Paris, dont la vente a produit 27.000 livres ; ils n'ont pas fait état davantage de la succession de leur grand-père maternel, soit 9.000 livres. Il me paraît donc certain, qu'à la mort de Danton, sa fortune se montait certainement à plus de 200.000 livres ; Alors je ne suis pas surpris des accusations de vénalité dont il fut l'objet.

L'Administration de l'enregistrement reçut au lendemain de sa mort de nombreuses dénonations, dont les auteurs désignaient des individus qui, à les en croire, avaient servi de prête-noms pour d'autres acquisitions encore que Danton aurait dissimulées. On soupçonna même que la maison de Sèvres, achetée au nom de Charpentier en octobre 1792, avait été payée par l'argent de Danton ; Charpentier, inquiété, dut faire connaître l'état de ses biens.

On soupçonnait que l'ancien château de Choisy-le-Roi, où Danton avait un appartement, était sa propriété et l'acquéreur nominal, un certain Fauvel, fut l'objet d'enquêtes persistantes. Les Jacobins d'Arcis témoignèrent leur indignation de « la scandaleuse fortune de Danton ». Ils indiquèrent que Danton avait fait des acquisitions dans les environs sous le nom de sa mère, sous le nom d'une cousine, sous le nom d'un certain Bajot dit Torcy. Ces enquêtes n'aboutirent pas, peut-être parce que le 9 thermidor vint promptement les interrompre, peut-être aussi parce que, au Directoire du district d'Arcis-sur-Aube, siégeait Recordain, le second mari de la mère de Danton. Et ce Recordain avait tout intérêt à dissimuler les choses. La question se pose : d'où vient l'argent ?

Je n'ai pas admis que Danton qui a plaidé vingt-deux affaires en quatre ans ait gagné là-dessus de quoi payer sa charge. Sont-ce les fonctions publiques ou est-ce la politique qui l'ont enrichi ?

Depuis que son étude est fermée, c'est-à-dire depuis le mois de mars 1791, Danton n'exerce plus de profession. Administrateur du département de Paris, par la grâce de Mirabeau, depuis la fin de 1790, ces fonctions sont gratuites. Il est nommé en 1791 second substitut du Procureur de la Commune de Paris. En cette qualité, il touche un traitement annuel de

6.000 livres ; il a été ministre de la Justice du 6 août 1792 au 5 octobre suivant, c'est-à-dire pendant 55 jours ; il a été ensuite député à la Convention pendant 19 mois et l'indemnité législative était alors de 18 francs par jour. Admettrons-nous que Danton ait réalisé sur ses appointements de ministre et de député des économies assez fortes pour expliquer ses nombreuses acquisitions, la plupart effectuées et payées bien avant son élévation. Il faudrait un robuste optimisme pour soutenir que Danton était un homme économe. Puis ses multiples loyers, son train de vie, coûtaient très cher. La supposition que Danton ait économisé plus de 100.000 livres sur son traitement en deux ans, après la fermeture de son étude, me paraît du domaine de la chimère. Alors on est obligé de prendre au sérieux les accusations et les témoignages des contemporains. On est obligé de consulter les dates. C'est le 10 mars 1791 que Mirabeau se plaint à La Marck, dans la lettre que je vous ai lue, que Danton, qui vient de toucher 30,000 livres, le fait attaquer dans le journal de Camille Desmoulins ; c'est le 24 mars 1791, que Danton soumissionne son premier bien national.

La Fayette, qui était bien placé pour être renseigné, nous dit, dans ses mémoires, que l'émeute du 18 avril 1791, qui empêcha Louis XVI de se rendre à Saint-Cloud pour faire ses Pâques, fut fomentée par Danton qui fut payé par le roi pour fournir à Louis XVI cette preuve manifeste qu'il n'était plus libre de ses mouvements, mais retenu prisonnier dans son palais. Louis XVI avait alors besoin de justifier sa future fuite et de démontrer à son beau-frère l'Empereur qu'il ne pouvait pas, décidément, s'entendre avec les révolutionnaires. D'après La Fayette, Louis XVI fit tenir à Danton une somme égale au remboursement de sa charge. Or, c'est précisément en avril 1791 que Danton a fait, et payé comptant, ses plus importantes acquisitions territoriales ; et c'est quelques jours avant le 10 août 1792 que Danton fait, à sa mère et à ses proches, don de l'usufruit de sa nouvelle maison d'Arcis-sur-Aube ; et de nombreux témoignages nous affirment qu'à la veille du 10 août la Cour versa de nouveau de l'argent à Danton, et vous pourrez consulter, à ce sujet, les mémoires de La Fayette, de Malouet, de Beaulieu, etc... Consultez surtout la grave déposition de Westermann, commentée dans mon livre : *Autour de Danton.*

Les comptes de la liste civile, prouvent que le nommé Durand qui servait d'intermédiaire entre la Cour et Danton reçut 10.000 livres le 2 août 1792. En poursuivant ce parallèle, je constate encore qu'à l'époque même où Danton reçoit la visite de l'émigré Théodore Lameth et où son agent Chabot touche 500.000 livres des mains d'Ocariz, c'est-à-dire pendant le procès du roi, de novembre 1792 à janvier 1793, Danton reprend le cours de ses acquisitions dans l'Aube : 13.440 livres pendant cette période ; il y a évidemment des coïncidences troublantes qui renforcent encore le faisceau impressionnant des preuves que nous avons réunies.

Reste un dernier point à examiner sur lequel je serai bref pour en finir avec cette question de la fortune de Danton. A sa sortie du Ministère de la Justice, Danton, pour se conformer à la loi, dut rendre compte de ses dépenses ministérielles. Il fut, à cette occasion, le 10 octobre 1792, attaqué très vivement par Cambon qui lui reprochait d'avoir encaissé l'argent des dépenses extraordinaires et secrètes, dans sa caisse du département de la Justice, au lieu de laisser cette somme à la Trésorerie, et d'ordonnancer au fur et à mesure ses dépenses. « Le mode suivi par le Ministre de la Justice détruit tout ordre de comptabilité ».

Cambon lui reproche encore des gaspillages ; il proposa de l'obliger à rendre compte, même de ses dépenses secrètes. Danton se défendit mal ; la Convention lui infligea l'humiliation d'avoir à se justifier à nouveau devant ses collègues du Conseil exécutif, de l'emploi de ses dépenses secrètes et, comme il faisait le mort, les Girondins le mirent de nouveau sur la sellette le 18 octobre. Danton s'excusa comme il put sur les circonstances critiques que le pays avait traversées après le 10 août. « Nous avons été forcés à des dépenses extraordinaires et pour la plupart de ses dépenses, j'avoue que nous n'avons point de quittances bien légales ».

Cet aveu souleva les tempêtes. Et finalement l'Assemblée par un nouveau décret, ordonna aux Ministres de présenter l'arrêté général qu'ils avaient dû prendre pour approuver l'apurement de leurs dépenses secrètes. Et, pour la seconde fois, Danton fut l'objet d'une défiance extrême de la part de l'Assemblée, défiance d'autant plus grande que le même jour elle avait couvert de fleurs le ministre de l'Intérieur Roland qui, lui, avait affecté de présenter un compte détaillé de toutes ses dépenses.

Comme le Conseil exécutif ne se pressait pas d'exécuter le nouveau décret, la Convention lui réitéra son ordre, après les débats scandaleux des 24 et 30 octobre. Alors trois ministres, Clavière, Monge et Lebrun se décidèrent, le 7 novembre, à couvrir Danton ; ils déclarèrent qu'il leur avait donné connaissance de l'emploi des fonds en accompagnant son rapport de la présentation de différentes quittances et pièces justificatives qu'ils avaient eu la faculté de parcourir.

Cambon et Brissot refusèrent de désarmer ; ils reprirent leurs critiques. L'Assemblée renvoya la lettre à la commission de l'examen des comptes. La Convention n'a jamais approuvé formellement les comptes de Danton et ne lui a jamais donné quitus.

Au Tribunal révolutionnaire, Cambon reprendra ses accusations à ce sujet et M. Aulard, lui-même, plein d'indulgence pour Danton, a reconnu qu'il avait eu le tort de prendre comme principal collaborateur au Ministère de la Justice un homme taré : cet homme taré, c'est Fabre d'Églantine, qui eut la disposition de ses fonds secrets. Or Fabre était criblé de dettes et il passa avec le Ministre de la Guerre Servan, ami de Danton, un marché de souliers qu'il exécuta si mal qu'il provoqua les reproches amers du nouveau Ministre de la Guerre, l'honnête Pache.

Si bien que, de quelque côté que l'on considère Danton, on le trouve invinciblement entouré d'hommes d'affaires et d'affaires louches.

J'ai exposé, dans mes précédents volumes, la carrière de quelques-uns de ces hommes d'affaires, de l'abbé d'Espagnac, des frères Simon, de Choiseau, de Perregaux, je n'y reviens pas. Quant au pillage de la Belgique par Danton et par Delacroix, au moment de la retraite de l'armée française à Neerwinden, j'ai montré, par des pièces d'archives, que la municipalité de Béthune, arrêta trois fourgons chargés de linge fin et d'argenterie expédiés par des créatures de Danton et par son ordre et destinés à lui et à Delacroix.

Au moment du procès de Danton, le député montagnard Levasseur (de la Sarthe) raconta aux Jacobins que Danton, qui venait d'entrer au Comité de Salut public, quand ses fourgons furent arrêtés, se fit remettre les pièces et les procès-verbaux de la municipalité et du département du Pas-de-Calais, et qu'il put ainsi étouffer l'affaire.

Levasseur ajouta qu'il avait eu entre les mains le dossier entier en sa qualité de membre du Comité de correspondance de l'Assemblée.

*
* *

J'arrive à la troisième et dernière partie de cet exposé, l'action politique de Danton dans ses rapports avec l'argent.

J'ai entendu parfois des républicains m'avouer qu'ils croyaient à la vénalité de Danton, que mes démonstrations les avaient convaincus, mais me dire ensuite que peu importait que Danton eut fait sa fortune personnelle puisqu'en même temps, il avait bien servi la France. Ces bonnes gens croyaient encore que Danton avait été le grand républicain, le super-patriote que les manuels scolaires continuent de nous représenter depuis 35 ans. J'ignore s'ils connaissent l'impudente réponse que le tribun du ruisseau fit à La Fayette qui lui jetait à la tête les 4.000 louis qu'il avait reçus du ministre Montmorin sur les fonds des affaires étrangères : « On donne volontiers 80.000 francs à un homme comme moi, mais on n'a pas un homme comme moi pour 80.000 francs ».

Eh, bien non, si l'anecdote est exacte — elle est tout à fait dans la note de Danton, — si Danton a fait cette réponse à La Fayette, une fois encore il en a imposé, et les gens qui payaient Danton n'ont pas toujours été volés par lui, ils en ont eu souvent pour leur argent et Robespierre et Saint-Just n'ont pas eu tort de flétrir Danton comme le plus redoutable, parce que le plus machiavélique ennemi de la République et comme le suprême espoir de l'émigration.

Vous connaissez déjà son rôle dans le procès du roi et dans l'émeute du 18 avril 1791, préface de la fuite à Varennes.

Mais je voudrais compléter cette esquisse. Au début de la Révolution, Danton avait joué le démagogue au district des Cordeliers ; il avait protégé Marat contre la force armée qui voulait l'arrêter en janvier 1790 ; il avait mené une violente campagne contre La Fayette ; mais dès qu'il entre au Conseil général de la Commune, au mois d'août 1790, Danton se tait subitement. « Il semble un autre homme », dit son biographe, M. Madelin. La presse elle-même s'étonne de ce changement.

Que s'était-il passé ? Mirabeau, l'homme de la Cour, s'était rapproché de La Fayette pour la grande Fédération du 14 juillet 1790 ; tout simplement Danton avait conformé son attitude à celle du patron qui le payait. Il cesse d'attaquer La Fayette, quand il est de l'intérêt de Mirabeau que La Fayette ne soit plus attaqué.

Il ne se réveille de son long silence que le 10 novembre 1790 pour porter à la barre de la Constituante une véhémente pétition de la Commune et des sections contre les ministres dont il réclame le renvoi.

Or, je lis à ce moment dans une lettre de La Marck à Mercy-Argenteau, datée du 28 octobre 1790, juste au moment où commence la campagne de Danton contre les ministres, je lis : « Vous savez peut-être que la démarche contre les ministres a été provoquée par M. de Mirabeau ». Mais, chose plus grave, Danton inculpait ce jour-là tous les ministres sauf celui des affaires étrangères M. de Montmorin, qui était l'homme de la liste civile, qui distribuait les fonds secrets, de concert avec Mirabeau.

En attaquant les ministres, Danton ne gagnait pas seulement son argent, il rafraîchissait sa popularité qui en avait bien besoin, car il avait subi en août précédent, un échec cinglant.

Réélu à la Commune par sa section, celle du Théâtre français, son élection avait été annulée par 42 autres sections parisiennes ; car en ce temps-là, on n'était pas élu quand on avait eu la majorité dans son quartier, il fallait que l'élection fût confirmée par toutes les autres sections de Paris. 42 sections sur 48 ont cassé l'élection de Danton.

Candidat à la mairie de Paris contre Bailly, Danton avait obtenu 40 voix quand Bailly fut élu par 12.500.

Du service rendu à Mirabeau au mois de novembre, il fut récompensé en janvier suivant par son élection comme Administrateur du département de Paris, élection difficile qui nécessita plusieurs tours de scrutin et qui ne fut possible que par l'intervention personnelle de Mirabeau auprès des électeurs censitaires qui venaient d'élire un Conseil départemental tout entier modéré. Alors, Danton reprend sa campagne contre La Fayette juste au moment ou La Fayette est de nouveau en disgrâce. Il n'est d'ailleurs pas scrupuleux sur le choix des moyens ; La Fayette le convainc de mensonges et le Conseil du département le force à signer une humiliante rétractation de ses attaques contre La Fayette ; mais Mirabeau meurt le 12 avril 1791, après une nuit d'orgie ; ce sont les Lameth, les rivaux de La Fayette qui deviennent les Conseillers de la Cour, qui tiennent les cordons de la liste civile : immédiatement Danton se met au service des Lameth comme il s'était mis au service de Mirabeau.

Vient la fuite du roi à Varennes ; Danton ne songe nullement à la République ; il n'appuie nullement Robespierre qui réclame, lui, une consultation du pays, la convocation d'une Convention, pour décider si Louis XVI sera maintenu ou non au trône. Un confident de Danton, Fabre d'Églantine, écrit alors dans une lettre particulière, que « l'idée d'une démocratie française ne peut pas entrer dans sa tête ». Danton ne songe qu'à un changement de dynastie, il propose aux Jacobins de nommer un garde de la royauté vacante. Ce garde ne peut être que le duc d'Orléans ; il sera désigné quelques jours plus tard avec Laclos, l'âme damnée du prince, pour rédiger la fameuse pétition par laquelle les Jacobins demandèrent le remplacement de Louis XVI, par les moyens constitutionnels, c'est-à-dire par la régence du duc d'Orléans.

Le jour du massacre des républicains au Champ de Mars, le 17 juillet 1791, Danton, averti le matin par les Lameth de l'imminence de la répression, s'absente immédiatement de Paris. Et, pendant que les Républicains abandonnés par lui sont traqués sans merci, Danton séjourne tranquillement à Arcis-sur-Aube, protégé par le procureur-général-syndic du département, par Beugnot, un ami des Lameth. Il peut gagner l'Angleterre sans être inquiété, bien qu'un mandat d'amener eût été lancé ,pour la forme, contre lui. Beugnot nous dit qu'il mit le mandat d'amener dans son tiroir et qu'il prévint Danton afin qu'il eût à déguerpir.

Après avoir échoué aux élections législatives, avec un nombre de voix ridicule, il est enfin élu second substitut du procureur de la commune de Paris avec l'appui de Brissot, au 3e tour et à la majorité relative, en décembre 1791.

Notons que les Jacobins, ouvertement conseillés par Robespierre, avaient refusé à Danton leur patronage à la séance du 4 décembre 1791.

L'attitude de Danton devient dès lors de plus en plus équivoque. Il abjure ses exagérations passées dans son discours d'installation à la Commune le 20 janvier 1792 et donne des gages aux modérés. Quand la question de la guerre est soulevée, il semble s'abord se ranger du côté de Robespierre qui combat, comme vous le savez, avec un courage magnifique, la politique belliqueuse des Girondins au bout de laquelle il voit la dictature militaire. Mais soudain Danton se tait et laisse Robespierre supporter seul tout le poids du combat. Comment aurait-il blessé Brissot, comment serait-il entré en conflit avec la Cour qui désirait la guerre ?

Les apologistes ont lancé ce défi imprudent aux partisans de la tradition et de la vérité : « Citez-nous, a dit M. Aulard, une seule circonstance où Danton aurait fait le jeu de Louis XVI ! »

Danton s'oppose le 26 janvier 1792 aux Jacobins à la proposition de Doppet, qui demande la formation d'une garde citoyenne pour défendre l'Assemblée nationale. Qui pouvait profiter du rejet de la motion de Doppet qui, sinon la Cour qui avait une garde quand la représentation nationale était désarmée ? Le 4 mars, quand les Jacobins délibéraient sur la fête qu'ils organisaient en l'honneur des Suisses de Chateauvieux, délivrés du bagne de Brest, Danton injuriait grossièrement la famille royale alors qu'elle avait souscrit 110 livres pour aider à couvrir les frais de la fête. L'injure est tellement grossière et inattendue que Robespierre proteste contre le langage de Danton. La Cour n'avait-elle pas besoin, à la veille de la guerre, de prouver aux souverains de l'Europe, et à l'opinion universelle que décidément, elle ne pouvait pas s'entendre avec les Jacobins ? N'avait-elle pas intérêt à se faire outrager ainsi gratuitement à l'occasion d'un geste généreux ? Toutes les suppositions ne sont-elles pas permises quand, quinze jours après cette algarade, on voit Danton recommandé à la Cour par Dumouriez pour le Ministère de la Justice ou pour celui de l'Intérieur, quand la Cour se décide, pour endormir les soupçons, à porter au pouvoir les amis de Brissot, les partisans de la guerre ! Malgré la chaude recommandation de Dumouriez et de Talon, vous savez que Danton ne fut pas choisi comme ministre ; il se répand de nouveau en violences devant le club, il propose, le 14 juin 1792, d'obliger le roi à répudier sa femme et à la renvoyer à Vienne. Peut-être Marie-Antoinette n'aurait-elle pas mieux demandé que cette obligation assez douce lui fut imposée.

On répète partout que Danton fut l'homme du 10 août, qu'il organisa et dirigea la glorieuse insurrection qui renversa la royauté traîtresse ; on en a cru trop facilement les rodomontades de Danton.

Ce n'est pas Danton, c'est Robespierre qui a rédigé toutes les pétitions des fédérés pour demander la déchéance du roi Louis XVI ; ce n'est pas chez Danton, c'est chez Robespierre que logeait le Comité insurrectionnel, à la maison du menuisier Duplay ; ce n'est pas contre Danton, c'est contre Robespierre qu'une information judiciaire fut commencée à la veille de l'insurrection. Dans les huit jours décisifs qui précédèrent la grande journée, Danton voyageait à Arcis-sur-Aube ; il ne revint que le 9 août, c'est-à-dire quand tout était prêt ; ce n'est pas Danton qui rallia les insurgés marseillais et qui les conduisit contre le château, c'est Chaumette, c'est Fournier l'Américain. Tous deux nous ont laissé un récit très complet de la journée, ils ne parlent pas de Danton. Le journal de Lucile Desmoulins nous apprend que Danton se coucha dans la nuit fameuse, qu'on vint le chercher plusieurs fois avant qu'il ne se décidât à partir pour la Commune. Tout ce qu'il a raconté devant le Tribunal révolutionnaire au sujet de ses hauts faits à cette occasion n'est que mensonge, par exemple quand il a dit qu'il avait fait l'arrêt de mort contre Mandat, le commandant royaliste de la garde nationale, en réalité il attendit, avant de se prononcer, de voir comment tourneraient les choses.

Les apologistes triomphent de sa nomination au ministère de la Justice, quand l'émeute fut victorieuse ; ils voient dans cette nomination, une sorte de récompense nationale décernée au chef des insurgés ; ils oublient que Brissot et les Girondins, qui choisirent Danton, avaient été hostiles jusqu'à la dernière minute à l'insurrection et qu'ils ne nommèrent Danton que pour les aider à refouler le mouvement démocratique et républicain qui les effrayait.

On a magnifié le rôle de Danton, au Conseil exécutif, on a dit qu'il avait stimulé la défense nationale par ses audacieux discours, par la désignation des commissaires envoyés dans les départements pour accélérer les levées d'hommes ; on lui attribue presque la victoire de Valmy et, en raison des services rendus dans cette crise, on jette un voile pudique sur le massacre des prisonniers à Paris et des prisonniers de la Haute Cour à Orléans en septembre.

Il s'opposa au transfert du gouvernement en province, à Blois, ou dans le Massif Central, transfert proposé par les Girondins. Son rôle public, vu surtout à travers ses discours grandiloquents, a quelque chose d'impressionnant ; mais regardez son rôle caché. Le 3 septembre, au lendemain de la prise de Verdun, il envoie un de ses agents secrets, le médecin Chevetel, au chef des royalistes de la Bretagne prêts à se soulever, au marquis de La Rouarie.

Chevetel se fait passer auprès du marquis pour un bon royaliste — il le connaissait depuis longtemps. — Il lui assure que Danton est resté royaliste au fond du cœur et que, s'il s'est montré hostile au transfert du gouvernement de Paris dans le Massif Central, c'est dans le seul intérêt de la bonne cause ; il lui remet une lettre de Danton que Théodore Muret a publiée et qui contenait des assurances très suspectes. Danton a voulu tromper La Rouarie ; il a voulu le maintenir en repos par de faux semblants, l'empêcher de soulever l'Ouest quand les Prussiens avançaient. C'est ce que soutiendra plus tard Chevetel à son retour de Londres où il s'était rendu après son voyage en Bretagne. Avec un homme comme Danton, on est jamais bien sûr de ses intentions réelles. On n'aurait pas d'inquiétudes si son loyalisme républicain était au-dessus du soupçon. Je crois, moi, qu'en maintenant le contact avec les royalistes, qu'en envoyant Chevetel à La Rouarie, juste au moment où il envoyait Noël et Talon négocier avec Pitt à Londres, Danton, en bon et malin Champenois, faisait d'une pierre deux coups.

Si Brunswick était victorieux, s'il s'emparait de Paris, s'il terminait la guerre par la restauration de la Monarchie, Danton invoquerait auprès du roi restauré ses négociations auprès des royalistes bretons, la protection qu'il avait accordée à tant de royalistes qu'il avait sauvés des griffes de la Commune ; à Charles Lameth, à Talleyrand, à Adrien Duport, il revendiquerait sa part dans la victoire de l'ordre !

Au contraire, si les Prussiens étaient repoussés, il se glorifierait auprès des révolutionnaires de n'avoir pas désespéré au plus fort du péril du salut de la patrie et de la révolution, d'avoir empêché l'évacuation de la capitale. Il serait le sauveur de la nation et c'est bien sous cette figure-là qu'il est resté dans la légende.

Quand on ne retient de Danton que ses déclarations publiques, pleines de phrases ronflantes et sonores, on s'imagine qu'il n'a jamais douté un seul instant du succès de nos armes, que jamais il n'est entré dans son esprit l'idée de transiger, de négocier avec l'ennemi ; il est resté dans les imaginations l'homme de l'audace. La réalité est toute différente.

A la veille de Valmy, il offrait à l'Angleterre, par l'intermédiaire de Noël, les colonies espagnoles et l'une de nos Antilles, Tabago, pour la retenir dans la neutralité.

Au lendemain de Valmy, il négociait avec le roi de Prusse, par l'intermédiaire du louche Westermann et du roué Dumouriez, et, par ces négociations, le roi de Prusse le jouait et sauvait son armée, épuisée par la maladie, manquant de tout et qu'il aurait été facile d'écraser. Dumouriez, lié avec Danton par toutes sortes d'intermédiaires véreux, reconduisit poliment Frédéric Guillaume jusqu'à la frontière. Danton s'est fait le champion flamboyant de la politique des frontières naturelles. Il a réclamé l'annexion de la Belgique, de la rive gauche du Rhin, de Genève, la guerre à l'Espagne. Il a enchanté ainsi le cœur du bon docteur Robinet qui le compare à Richelieu.

Quand il revint au pouvoir, après les défaites de Belgique, après la trahison de Dumouriez, avec lequel il entretint des relations très suspectes, que Jaurès a démêlées et que j'ai précisées après lui, Danton continua à la tribune ses fanfaronnades patriotiques, mais dans le secret de son cœur il désespère de la victoire, il n'a plus qu'une pensée qui ne le quittera qu'avec la vie : faire la paix au plus vite et à tout prix avec l'ennemi, dont il juge la force irrésistible.

J'ai consacré à la politique défaitiste de Danton — il n'y a pas d'autre mot — tout un livre *Danton et la Paix* et je pense avoir montré d'une façon décisive que, pendant son court passage au Comité de Salut public, Danton a multiplié les négociations secrètes les plus suspectes et les plus dangereuses, les plus humiliantes, avec l'Angleterre (missions de Mittchell, de Matthews), avec la Prusse (missions de Deportes et de Dubuisson), avec l'Autriche (missions de Proli et de Dampierre).

Pour obtenir la paix, il n'est pas de sacrifice que Danton n'aurait consenti. Heureusement Robespierre se mit en travers de ses projets. Le premier Comité de Salut public, le Comité Danton, fut renversé le 10 juillet et le second Comité décida de ne traiter avec l'ennemi qu'à coups de canon. Mais Danton et ses partisans intriguèrent jusqu'à la fin pour soulever le peuple affamé contre la continuation de la guerre. Ils tentèrent de s'opposer à l'envoi de renforts dans la Savoie qui était envahie par les Piémontais. Camille Desmoulins, dans son *Vieux*

Cordelier, conseillait hautement la paix, et son dernier numéro. qui ne fut publié qu'après sa mort, est une philippique très violente contre la guerre et contre ceux qui la font, contre le Comité de Salut public.

En essayant de renverser le gouvernement révolutionnaire, Danton et ses amis risquaient d'enlever à la révolution les moyens de vaincre l'ennemi. La paix sans la victoire ne pouvait qu'entraîner la perte de la République, la restauration de la Monarchie. Voilà pourquoi les révolutionnaires furent convaincus que Danton n'avait jamais été sincèrement républicain, qu'il n'avait jamais cessé d'être ce qu'il avait été si longtemps, l'homme de Talon, l'homme de la liste civile, l'homme des Lameth, l'homme de l'émigration, l'homme des royalistes.

Sur les véritables sentiments de Danton à l'égard de la République, nous sommes aujourd'hui amplement renseignés. Au lendemain même du jour où la République fut proclamée, Danton conseillait au duc de Chartres, le futur Louis-Philippe, dans une conversation que celui-ci a couchée par écrit, de se populariser à l'armée. « Cela est essentiel pour votre père et pour votre famille, même pour nous », disait Danton. Et il terminait l'entretien en ajoutant : « Vous avez de grandes chances de régner ».

C'est au cours de cette conversation fameuse, que Danton se glorifia des massacres de Septembre. Faut-il rappeler que le duc d'Orléans, Philippe Égalité, n'avait été nommé à la Convention nationale à Paris, que le dernier de la liste, grâce à l'intervention personnelle de Danton, et malgré les objurgations de Robespierre ?

Danton n'a pas essayé seulement de sauver Louis XVI ; il a tenté, plus tard, aux dires de son ami Courtois, de faire évader la reine. La duchesse de Choiseul ; (la femme du duc de Choiseul, ancien premier ministre de Louis XV), avait fourni, dit Courtois, les fonds nécessaires, et l'affaire n'a échoué que parce que, au dernier moment, la reine ne voulut pas être sauvée seule, mais voulut emmener ses deux enfants.

Une preuve sans réplique que Danton était en France le suprême espoir des royalistes et de l'ennemi, cette preuve nous est donnée par le journal de Fersen, le Suédois, qui fut colonel d'un régiment en France, qui sut toucher le cœur de Marie-Antoinette et qui en fut récompensé.

En août et septembre 1793, quand Fersen, alors réfugié à Bruxelles, apprend que la reine vient d'être séparée du Dauphin, qu'on va la conduire à la Conciergerie, antichambre de l'échafaud, Fersen ne voit qu'un moyen de la sauver, avant qu'elle ne comparaisse devant le tribunal. Lui et le comte de

Mercy-Argenteau, ambassadeur d'Autriche à Paris, réfugié aussi à Bruxelles, font agir sur Danton, par l'intermédiaire du riche banquier Deribes, qui avait déjà fourni à Louis XVI, au moment de sa fuite à Varennes, de grosses sommes d'argent. Deribes se mit en campagne ; il écrivit à Danton et partit pour Paris au début de septembre ; les diamants pris sur l'ambassadeur de France Sémonville qui fut arrêté par les Autrichiens, au moment de son passage en Valteline, devaient servir à payer l'entreprise. Il était trop tard, Danton était tombé du Comité de Salut public, son étoile pâlissait et l'hébertisme dominait depuis la journée du 5 septembre. La reine ne fut pas sauvée. Vous savez que Danton a blâmé le procès de la reine comme il a blâmé le procès des Girondins et qu'il a quitté Paris au début d'octobre pour Arcis, sous prétexte de soigner sa santé, mais peut-être aussi en manière de protestation. Or, quand les coalisés entreprirent, au printemps de 1794, une offensive pacifique pour rejeter sur les seuls révolutionnaires toute la responsabilité de la continuation des hostilités, c'est encore sur Danton, qu'ils comptent pour parvenir à cette fin. Le même agent de Pitt, Miles, avec lequel l'agent de Danton, Noël, s'était abouché au moment du procès du roi, écrit à l'ambassadeur de France à Venise, qui était à ce moment-là Noël lui-même, le 5 janvier 1794, pour le prier d'avertir Danton que le gouvernement anglais était prêt à ouvrir des pourparlers avec le gouvernement français.

« Communiquez mon adresse sans délai à Danton et demandez-lui de m'indiquer une ville en Suisse où je pourrais conférer avec lui au sujet de la paix ».

Il ajoute, dans une nouvelle lettre, que si Danton ne peut pas aller en Suisse, il n'a qu'à envoyer un homme de confiance à Londres, il le recevra dans sa propre maison. « Ce sera mon affaire de lui obtenir un entretien avec le ministre », c'est-à-dire avec Pitt.

Or, Miles, agissait d'accord avec son gouvernement. Il est remarquable que la lettre de Miles fut communiquée à Danton par Noel et il ne vous a pas échappé que la campagne des Dantonistes pour la clémence et pour la paix correspondait par conséquent au désir du gouvernement anglais.

Les contemporains ont cru que Danton ne servait pas gratis la politique anglaise. Il y a, dans une dépêche de notre ambassadeur à Londres, La Luzerne, en date du 29 novembre 1789, un passage, dont M. Aulard n'a jamais parlé bien entendu, et qui concerne Danton : « J'ai dit au duc d'Orléans (alors en mission extraordinaire à Londres) qu'il y avait à Paris, deux particuliers Anglais, l'un nommé Danton et l'autre nommé

Paré, (le clerc de Danton), que quelques personnes soupçonnaient d'être les agents les plus particuliers du gouvernement anglais... Je ne sais si on a fait des recherches pour savoir s'ils existent réellement à Paris ».

Quand cette dépêche fut écrite à Londres, la notoriété de Danton ne dépassait pas encore son quartier. L'ambassadeur ignorait jusqu'à son nom qui lui est révélé par la police, il est remarquable qu'il croit que Danton est Anglais et il prononce sans doute son nom à l'anglaise « Denntonn ». Au moment de son arrestation, en germinal, on trouva dans les papiers de Danton une lettre adressée par le Foreign-Office au banquier Perregaux, pour l'inviter à payer des sommes considérables à certaines personnes désignées par des initiales, pour récompenser ces personnes des services rendus à l'Angleterre en soufflant le feu aux Jacobins et en leur faisant prendre des mesures extrêmes.

Pour être arrivée chez Danton, cette lettre dut lui être transmise par Perregaux lui-même, comme l'intéressant personnellement. Et, à certains indices, il ne serait pas surprenant que ce document ait été communiqué aux jurés du Tribunal révolutionnaire, en chambre du Conseil, pour triompher de leurs dernières hésitations.

Quand l'agent de Pitt, Miles, apprit la condamnation de Danton, il fit ainsi son oraison funèbre dans une lettre à Noël du 11 avril 1794 : « Danton n'est plus ! Sa chute, je l'ai prédite depuis longtemps, comme le triomphe de Robespierre, d'après la connaissance personnelle que j'ai de ces deux hommes. Danton, en février 1793, aspirait à la régence. J'ai connu alors, par les intéressés eux-mêmes, qu'il a facilité la sortie de France de quelques royalistes. Son caractère n'était pas considéré comme incorruptible ».

Au même moment, l'ambassadeur américain à Paris, le gouverneur Morris, écrivait à Washington à la date du 10 avril 1794 : « Danton a toujours cru, et c'est ce qui est le plus malheureux pour lui, qu'un système de gouvernement par le peuple était absurde en France, que la foule est trop ignorante, trop inconstante, trop corrompue, pour fournir une administration basée sur la légalité ; qu'habituée à obéir, il lui faut un maître ».

« Il était trop voluptueux pour ses ambitions et trop indolent pour acquérir le pouvoir suprême. Tout son but semble avoir été plutôt d'amasser de grandes fortunes que la célébrité ».

Ces deux témoignages concordants d'hommes très bien placés pour être au courant des événements et désintéressés complètement l'un et l'autre en la matière, doivent être retenus par l'histoire.

C'est sous l'inculpation capitale de complot contre la République, d'intelligences avec ses ennemis que Danton a succombé. Le complot est certain.

Un ami de Danton, l'ancien ministre de l'Intérieur, Garat, nous dit dans ses mémoires, qu'il a reçu des confidences de Danton lui-même quand il revint d'Arcis-sur-Aube, rappelé par le scandale de la Compagnie des Indes ; d'après Garat, ami de Danton, il ne s'agissait rien moins que de la ruine du gouvernement révolutionnaire et du retour de la Monarchie.

Danton se proposait, d'après Garat, de jeter la division dans les comités, d'en provoquer le renouvellement et s'il échouait à la Convention, de les renverser par un coup de main ; puis, une fois revenu au pouvoir, Danton aurait résolument barré à droite pour faire la paix ; il aurait abrogé la constitution républicaine, rendu aux riches leur influence, en leur accordant la suppression des taxes sur les denrées ; il aurait fait rentrer les émigrés et liquidé la révolution par une transaction avec tous ses ennemis.

La Restauration ne se serait pas faite en 1814, elle se serait faite vingt ans plus tôt. L'étude attentive de la conduite de Danton et de ses amis pendant les derniers mois de leur vie, prouve lumineusement que Garat n'a dit que la vérité. Il est d'ailleurs très sympathique à Danton.

Que les choses se soient passées comme Danton lui en a fait la confidence, je ne puis, pour le prouver, que vous renvoyer ici au 3e volume de ma *Révolution française* où j'ai retracé par le menu, la lutte ardente et machiavélique que Danton et ses amis ont livrée au gouvernement à l'époque la plus critique de la Terreur.

J'ai été bien long, je m'en excuse, Mesdames et Messieurs, mais je vous avais prévenus et pourtant je suis loin d'avoir tout dit. J'ai conduit mes recherches, je le crois du moins, *sine ira et studio*, sans colère et sans haine.

Pourquoi aurais-je été animé contre la mémoire de Danton ? A l'âge où je terminais mes études, on lui élevait des statues. J'ai appris l'histoire, comme vous, dans des livres qui le glorifiaient et ce n'est que peu à peu et par un travail long et minutieux que je me suis délivré du monceau d'erreurs et de mensonges qu'on m'avait inculqué. Personne ne croira que c'était là le bon moyen pour moi de favoriser ma carrière et d'arriver plus tôt à la Sorbonne. J'ai cru que la vérité avait des droits, je me suis mis résolument à son service dès que la lumière s'est faite dans mon esprit, et aujourd'hui, je vous ai dit ma conviction profonde, fondée sur vingt-cinq ans de travaux dont j'attends toujours et dont j'attendrai longtemps la réfutation.

Robespierre et Saint-Just et tous les contemporains, je vous l'ai dit, ont bien jugé ces hommes, dont Danton était le chef ; ils n'étaient que des jouisseurs et des profiteurs sans scrupules, l'écume de la France. Ils mettaient la Révolution et le pays en coupe réglée. Ils auraient perdu la République et la patrie s'ils avaient pu triompher des honnêtes gens et des patriotes.

Mais une dernière interrogation vous viendra peut-être à l'esprit : Comment se fait-il, direz-vous, qu'après un siècle de distance, ces jouisseurs sans conscience, si justement condamnés, aient pu tromper des écrivains consciencieux et de bons républicains ?

D'abord, ces écrivains que j'ai nommés et qui pour la plupart n'étaient pas des érudits rompus aux méthodes scientifiques, ont été trompés par l'apparence rigoureuse du plaidoyer des fils de Danton, dont ils n'ont pas su vérifier les chiffres, ni contrôler les affirmations.

Ensuite, ils ont subi l'action personnelle d'un homme qui a occupé au Ministère de l'Instruction publique, une très haute situation, d'Arsène Danton, qui fut l'élève de Michelet à l'École normale, qui devint chef de cabinet de Villemain au Ministère de l'Instruction publique, et qui termina sa carrière comme Inspecteur général de l'Université sous Napoléon III. Très fier du nom qu'il portait et de sa parenté éloignée avec le grand tribun révolutionnaire, Arsène Danton mit au service de sa réhabilitation, une rare ténacité très bien servie par sa situation au Ministère de l'Instruction publique, qui est en relation avec tous ceux qui tiennent une plume.

Enfin, l'école positiviste, par une étrange aberration, s'avisa de se choisir un précurseur dans le jouisseur débraillé des Cordeliers. Comme il eût été surpris de se voir doté de cette progéniture intellectuelle ! L'École positiviste, à laquelle appartenaient le docteur Robinet, Pierre Laffitte, Antonin Dubost, a exercé, vous le savez, une considérable influence sur tous les hommes d'État qui ont fondé la IIIe République.

J'ajouterai encore qu'aux environs de 1880, les circonstances étaient favorables pour cette œuvre de réhabilitation. On sortait du 16 Mai, de l'oppression cléricale, on se détachait de Robespierre, qui ne paraissait pas assez zélé contre la religion. On sortait aussi de la guerre de 1870, on n'avait retenu de Danton, que les phrases à effet d'un patriotisme truculent, on le voyait à travers Gambetta. Enfin, on n'avait vaincu « l'ordre moral » qu'à l'aide de l'union de toutes les forces républicaines étroitement rassemblées. Danton, qui ménagea et qui servit tous les partis, Danton qui tendit constamment la main aux Girondins, apparaissait comme le symbole de l'union républicaine indispensable à la victoire.

Les historiens, qui sont des hommes, subissent la pression inconsciente des circonstances et des temps où ils vivent. Ils transposent, dans le passé, de fausses analogies, et cette faute est plus fréquente dans l'histoire de la Révolution que dans toute autre, car celle-ci excite davantage les passions des partis qui vont y chercher des armes pour leurs polémiques.

J'ai essayé, en abordant ce problème à mon tour, de m'abstraire de toute considération étrangère à la science. La politique n'a rien à voir avec l'histoire digne de ce nom. Ce n'est pas à la politique que l'histoire doit demander des inspirations ou des confirmations. je dis que c'est plutôt le contraire ; c'est l'homme politique, s'il est sincère, qui doit se mettre à l'école de l'historien.

Un régime représentatif, comme le nôtre, un régime qui n'a de la démocratie que le nom et les apparences, un régime où le peuple pour tous pouvoirs met tous les quatre ans un bout de papier dans une urne, votant pour des hommes qui, l lendemain, le dédaignent et le méprisent, ou le trahissent, ce régime soi-disant démocratique ne repose — Montesquieu l'a dit depuis longtemps — que sur la vertu, sur l'honnêteté foncière, sur la conscience droite et loyale de ses élus. Si l'élu trahit les électeurs, tout s'écroule, le suffrage universel est bafoué puisqu'il n'a pas encore su conquérir chez nous le referendum que nos voisins, les Suisses, pratiquent depuis un demi-siècle.

Il n'y a pas, Mesdames et Messieurs, deux honnêtetés, une honnêteté privée négligeable et une honnêteté publique seule indispensable, j'estime qu'il n'y en a qu'une. Et si, de l'histoire de Danton, se dégage une leçon, il me semble que c'est celle-là : souvenez-vous en.

Peut-être n'était-il pas inutile de vous le rappeler par le temps qui court, mais vous en jugerez.

Albert Mathiez.

www.ingramcontent.com/pod-product-compliance
Lightning Source LLC
LaVergne TN
LVHW010441060726
842527LV00005B/1620